Leo Kettler

Die Rattenleier

Schüttelreime

Perry Friedman
Kompositionen

Wolfgang Simon
Holzschnitte

APHAIA VERLAG · Berlin

© Copyright 1989 by APHAIA VERLAG, Berlin
Svea Haske, Sonja Schumann, Riemeisterstr. 113, 1000 Berlin 37, Tel. 030/813 39 98
Gesetzt aus der Walbaum Buch
Holzschnitte, Handdruck, Typographie und Umschlaggestaltung:
Atelier Wolfgang Simon, Berlin-Kreuzberg
Reproduktionen: Peter Decker, Berlin
Gesamtherstellung: Gerike GmbH, Berlin

1. Auflage 1989:
1000 Exemplare (Normalausgabe)   ISBN 3-926677-07-4
 100 Exemplare (Vorzugsausgabe)   ISBN 3-926677-08-2

Tonkassette aus dem Live-Mitschnitt der Buchvorstellung mit
Lesung und Musik
ISBN 3-926677-09-0

CIP-Kurztitelaufnahme der Deutschen Bibliothek

Kettler, Leo:
Die Rattenleier: Schüttelreime / *Leo Kettler*
Kompositionen / *Perry Friedman*
Holzschnitte / *Wolfgang Simon*
APHAIA VERLAG, Berlin 1989
(aus der Reihe: Lyrik, Musik und bildende Kunst von Zeitgenossen)
ISBN 3-926677-07-4
ISBN 3-926677-08-2 (Vorzugsausgabe)
ISBN 3-926677-09-0 (Toncassette)

Die Vorzugsexemplare enthalten einen Original-Farbholzschnitt von
Wolfgang Simon auf Japan-Bütten misumi natur;
sie sind numeriert und von den Künstlern signiert.

Dieses Exemplar trägt die Nr.

An alle

Rattenleier-Leserattenscheiche,
nun verlaßt mal eure Schattenreiche!
Stolze Damen und kompakte Männer,
Manager sowie vermackte Penner,
satte Kunden und ihr schlanken Krabben,
ihr Gesunden und ihr Kranken, Schlappen,
Stubenhocker oder nette Feger,
Urgermanen oder fette Neger,
bitte, kommt und seid nicht faul, Gäste,
haltet mal'n Moment den Gaul feste!
Pegasus, der alte Schalk, bäumt.
Wild vor Wortspiellust sein Balg schäumt.
Er verspritzt wie reifen Schleim
Schüttelreim
und
Schleifenreim.

Kritische Schalkbisse

Ob auch die Krittlerschaft wie wild bellt,
drastisch malt Schüttlerkraft die Bildwelt.

Der Aktuelle

Noch gestern ging die Reise links.
Heut sagt er das nur leise rings,
blickt scheu sich um, gemäß der Sitte,
und nähert sein Gesäß der Mitte.
Schon morgen flitzt der echte Recke
kopfheister in die rechte Ecke.
Tönt übermorgen ins Gebein mir:
Geh! Politik war niemals *mein* Bier.

Karnewahl

Wollt ihr zum Karneval gehn?
Wählt nur, es ist egal wen,
wenn ihr ihn an der Macht wißt,
macht er, unüberwacht, Mist.

Freimarkt-Story

Da wird mit Lobspruch nicht gekargt. Man
verherrlicht, was der freie Markt kann.
Doch fragt einmal den strammen Marktsteh'r
wer wohl durch freien Markt erstarkt mehr.
Der Große wird am freien Markt feist,
der Kleine holt sich 'nen Infarkt meist.
Der Riesentrust jedoch erharkt mehr:
fällt meuchlings übern freien Markt her.
Die Konkurrenz wird eingesargt. Macht
macht unsern Markt zum Sklavenmarkt sacht.

Leerstand

Zu wenig Lehrer haben wir
in Klassen, eng wie Waben hier,
wo Pulks von Mädchen, dreck'gen Bengeln
sich mit den Hinterbäckchen drängeln.
Worüber dann ein Lehrer schwebt,
der alle Tage schwerer lebt.
Obschon der Nachwuchs grad sich staut,
den einzustell'n der Staat sich graut.

Hab mir den Grund erklären lassen:
a) kämen bald die leeren Klassen;
und b) wem nützt die Geisteswelt?
Sie kostet nur, du weißt es, Geld;
hält ab dich von dem einen: Schaffen!
Ja, was wir brauchen, scheinen Affen,
die stur als Straßenkehrer laufen.
Soll China unsre Lehrer kaufen!

Deutsche Firmen

Verblüfft sich auf die Schenkel haut,
wer die Bilanz von Henkel schaut.

Dein Glaube heilt durch eine Bayer-
Tablette: Augen, Beine, Eier.

Der Teufel wird auf leisen Horten-Sohlen
noch Karstadt, Wertheim und Konsorten holen.

Es diarrhöert der Darm bei Leibpein.
Es röhrt die Mannesmannsche Pipeline.

Wie hoch sie ohne jedes Zagen
die Kurse von Mercedes jagen!

Leise Reiter mit Gemecker nahn.
Reiseleiter sinds von Neckermann.

Wenn wir ersticken müssen tief
im Stinnes-, Flick- und Thyssen-Mief,
das schafft gewissen Schweinen Reiz:
sie atmen in der reinen Schweiz.

Funktionalismus

Was einst man bloß beim Funktionär sah,
das Leiden rückt heut allen sehr nah:
Dem lieben Lustprinzip zum Hohn jetzt
den Menschen nur noch die Funktion hetzt.
Wen wundert's, daß der Städte Randgebiet
schon völlig außer Rand und Band geriet?
Man kann da Stunden wie besoffen stehn
und nichts als die Funktion von Stoffen sehn.
Doch was man für Beton im Geist hält,
ist nur Funktion von x, das heißt Geld.
Drum ist auch international der Stil;
es fault gar vor Zement und Stahl der Nil.
Da nützt es nichts, wenn man die Bauräte
entweder herzlich oder rauh bäte,
daß sie nur Elemente wählen sollen
nach der Funktion, die unsre Seelen wollen.
Solang ihr die Profit-Funktion ertragt,
hat die Verwesung auch den Thron erjagt.
Verseuchte Luft rings, hochgebaute Särge,
verdreckte Meere und versaute Berge.
Es stinkt die Erde, nur nicht eben ländlich.
Umfunktioniert mal euer Leben endlich!

Der Materialist

Ein Kleinod, ein Schatz soll die Liebe sein?
Von wegen! Sonst könnt man sie beleihn!

Auto-Suggestion

Ich glaub, mein Nachbar hat 'ne prächtige Meise,
für neue Autos zahlt er mächtige Preise.
Und wie ich neulich ihn beklommen frug,
erklärt' er: „Freilich sind wir Frommen klug.
Durch die PS (denn Schritte machen schwächt dich)
ist Gottes Kraft erst in dem Schwachen mächtig."

Relativität

Alt kann man mit 7 und 8 sein:
mancher schläft mit 9 schon sacht ein.
Jung kann man mit 87 sein:
mancher lebt mit 90 sacht sich ein!

Polit-Abc

Wer Arbeit anfaßt, soll auch fressen, kauen.
Zu Anarchisten zieht's die kessen Frauen.

Ein Bürger muß berappen viele Steuern,
ein Bankbandit im Western-Stile feuern.

Gibt's Chef-Karrieren trotz Charakter? – Nun,
eh'r wird im Chorgestühl ein Nackter ruhn!

Der deutsche Dickwanst dampft in Saunen.
Manch Demokrat träumt sanft in Daunen.

Ehr's Elternbild auf der Konsole, Kind!
Volkseigen eig'ntlich Erz und Kohle sind.

Faschisten fühln sich der Gewalt verbunden.
Folter und Fron sind nicht so bald verwunden.

Dem Gartenzwerg, der nie gestreikt,
sind Gott und Industrie geneigt.

Wieviel Hysterie ein Land heckt,
wo der Hund dem Hai die Hand leckt!

Die Industrie die Inflation schätzt.
Den Irren ist das Himmelreich. Schon jetzt.

Die Jugend alten Junkern am Gemächt reißt.
Justiz geht jedenfalls vor Recht meist.

Die Kälte quält im Winter alle.
Die Konjunktur zeigt Intervalle.

Die Lauen sich der Norm mit Fleiß schmiegen.
Die Literaten schimpft man Schmeißfliegen.

Makaber ist der Mächtigen seichte Lache.
Massaker für Milizen leichte Sache.

Nur Nazis können oder heiße Narren
auf Nato-Sieg an Oder/Neiße harren.

Die Obdachlosen auf ein Ende hoffen.
Der Oberbonze hält die Hände offen.

Auch Profeten beim Profite landen.
Auch Proleten zur Elite fanden.

Man quatscht, bis jeder Quark Gesetze kriegt.
Man quacksalbt, bis zum Schluß die Krätze siegt.

Die Reingewinne sollen wachsen.
Die Revanchisten wollen Sachsen.

Zum Sozialismus wir noch schleichen lange.
Vorm Sowjetparadies stehn Leichen Schlange.

Vor Teuerung die armen Leute beben.
Die hohen Tiere von der Beute leben.

Im Uniformrock leiden Massen.
Ulk wird sich nicht vermeiden lassen.

Die vielen Volksvertreter seichen arg.
Ein Veteran kriegt seinen Eichensarg.

Die weißen Westen wäscht Persil fein.
Auch Wirtschaftswachstum kann zuviel sein.

X-mal gabs Kriege um ein Frauenhemde.
Verbohrte Xenophoben hauen Fremde.

„Kauf Japan-Yen", du manchen unken siehst,
„eh Yankee-Dollar ganz gesunken ist!"

Zigtausende pro Tag belog die Zeitung,
weil man dem Zaren nicht entzog die Leitung.

Tierisch-satirisch

Warum trinken Warzenschweine
immer nur vom schwarzen Weine?
Weil sie, wenn sie weißen hätten,
würden anders heißen. – Wetten?

Der Förster fällt das Faule gern,
der Apfel nicht vom Gaule fern.

Ein schöner Mief kommt meist vom Gaule,
Ministern wenig Geist vom Maule.

Ob alt wie eine Schinderkuh,
wer kommt schon aus dem Kinderschuh?

Nur nachts hat sich ein Strauß geaalt
und trotzdem Bräune ausgestrahlt.

Wer Hähne, die sich raufen, trennt,
vom Regen in die Traufen rennt.

Wenn Amseln, Fink und Rosen lachen,
Mensch, halte deinen losen Rachen!

Nicht schön ist, wenn beim Schlafen Brummer
dir rauben wollen braven Schlummer.
Doch schlimm, wenn Reime tanzen wie
verrückt gewordne Wanzen, die
blutsaugend an der heißen Birn
dir scheibenweis zerbeißen Hirn.

Tierisch-Satirisch

Perry Friedman
1989

Wa – rum trin – ken War – zen – schwei – ne im – mer
nur vom schwar – zen Wei – ne? Weil sie, wenn sie wei – ßen
hät – ten, wür – den an – ders hei – ßen. Wet – ten?

Der För – ster fällt _____ das Fau – le gern, der
Ap – fel nicht vom Gau – – le fern. Ein schö – ner
Mief _____ kommt meist vom Gau – le, Mi – ni – stern we – nig
Geist vom Mau – le. Ob alt wie ei – – ne Schin – der –
kuh, wer kommt schon aus _____ dem Kin – – der – schuh?

19

B Cm

Nur nachts hat sich____ ein Strauß ge – aalt, und

F   Cm   Cm

trotz – dem Bräu – ne aus – – ge – strahlt. Wer Häh – ne,

F

die____ sich rau – fen, trennt, vom Re – – gen in die

Cm   E♭

Trau – – fen rennt. Wenn Am – seln, Fink und Ro – sen la –

F   Cm

chen, Mensch, hal – te dei – – – nen lo – – sen Ra – chen.

C gesprochen:

Nicht schön ist, wenn beim Schlafen Brummer dir rauben wollen braven Schlummer

D C

Doch schlimm, wenn Rei – me____ tan – zen wie ver –

F   G⁷   C   C

rück   ge – wor – de – ne Wan – zen, die, blut – sau – gend

Am   F   G

an____ der hei – ßen Birn, dir scheib – chen – weis zer –

Cm   G⁷

bei – ßen Hirn.   wiederholen Part **A**

Autorentagesträume

Der Dichter, der, was drückt und zwängt,
was piekt und kneift, was zwickt und drängt,
was weh tut, mit Genuß bekennt
und stolz, kraft Musenkuß, benennt:
sein Schmerz wär dumpfer Schrei geblieben,
hätt er nicht rasch mit Blei geschrieben.
Und seht mal: seine lahmen Thesen
sind das, was jetzt die Damen lesen!
Selbst unbeleckt von Musen, bitte,
spürn sie in ihrer Busenmitte
die Lust (falls sie nicht purer Stein)
an überwundner sturer Pein.
Auch Männern scheint es wesentlich,
daß mancher Ärger lesend wich.
Das Lesepublikum bedauert
den, der die Glotze dumm bekauert.
Es liebt, mehr Phantasie zu wagen,
nicht brav nur *C'est la vie!* zu sagen.
Oft wird sich Not beheben lassen,
wenn wir's gewohnte Leben hassen.
So lieblos war's noch nie gewesen.
Wo kann der Mensch und wie genesen?
Hier wimmelt's von Gelichter, Dieben.
Jedoch die ihren Dichter lieben,
die bauen – und mitnichten scheu –
die Welt in allen Schichten neu.
Wenn bloß Verleger wegen leeren
Tresors nicht so verlegen wären!
Sie wolln auf Nummer Sicher gehn,
indes wir mit Gekicher sehn,
daß nur, wer wagt, Gewinne macht;
und daß Fortunas Minne wacht
selbst dem, der unter Haien lebt,

so er die Schütteleien hebt,
die sich in meiner Lade grämen
und mich im höchsten Grade lähmen:
zur Geistwelt aus der Geisterwelt! –
Schon morgen überweist er Geld.

Ekstatische Schallknoten

Muße sei der Keim des Sittenstrolches?
Musen seinerzeit bestritten solches.

Lex Susanna

Es schrien seit je sich Leute heiser
und schreien auch nicht heute leiser,
gestützt auf ihre alte Bibel:
das Weib sei das geballte Übel!
Nicht so die Maler. Sie gestalten offen
nach neuen wie nach biblisch alten Stoffen,
doch nie nach petrefakten Normen
das Weib in seinen nackten Formen.
Sie malen, wie im Bad Susanne wühlte
und blubbernd sich im Schaum der Wanne sühlte,
sie malen Göttinnen und nackte Putten,
Madonnen, Nixen und kompakte Nutten.
So wird sich denn der glatten Leiber wegen
die Kunst auch ferner auf die Weiber legen,
bis eines Spießers Machtwort jeden Akt
endgültig aus dem Garten Eden jagt,
weil hier – nun kann dein Schamgefühl gesunden! –
der *deutsche Gartenzwerg* Asyl gefunden.

Monatsregeln

Die Kenner sich im Jänner packen
Absinth in ihre Pennerjacken.

Es zieht im Februar der Mann
der Gattin einen Marder an.

Wat macht mein Max im Märzen hier?
Er knutscht und drückt von Herzen mir.

Des Ackerbauers stille Pranken
nach Jauche im Aprille stanken.

Was haben wir im Mai gelacht
und sonst noch mancherlei gemacht!

Nach den Frauen tu nie jagen
in den lauen Junitagen.

Touristen rumkarriolt der Kuli.
Nudistenhaut verkohlt der Juli.

Mensch, wandre im August gelassen
durch fremder Städte lustge Gassen.

Wie schmeckte doch – remember, Dear! –
die Liebe im September mir.

Welch schöner Tod nach grober Tat
am Biertisch im Oktober grad!

Es beugt das Rheumaknie der Nebelung,
der Anarchist sich nie der Knebelung.

Der Mann beim Weib nicht minder wohnt
im Wonne- wie im Wintermond.

Monatsregeln

Perry Friedman
1989

Die Ken - ner sich im Jän - ner pak - ken Ab -
sinth in ih - re Pen - ner - jak - ken. Es
zieht im Fe - bru - ar der Mann der
Gat - tin ei - nen Mar - der an____

Toast im O-Ton

Da lodernd Sonne troff vom groben Schoß
des Horizonts, wo stolz Piloten toben
mit Donnergrolln (wir wolln die toten loben!),
und vor den Mond sich Wolken schoben groß,

träumt wohl ein Tropf von Money oder Moos,
beglotzt kommod Ozonzyklone oben:
sie formen monochrom und ohne Kloben
Montblanc-hoch überm Bodenmoder Os.

O soviel Os! Vom Hottentottenchor
schlotternder Ochsen vorm Kokottentor
scholl's hohl „Proporz! Proporz!" aus Lodenhosen.

Nicht so wir zwo: dem O wir fronen, wo
noch Doppelkoppelworte wohnen; froh,
zu trotzen so dem Trott der Hodenlosen.

De flatu

Non delectat flatus nos
clunibus enatus flos,
at non flatum mentis odi
quo enati entis modi.

*

Es riecht so wie auf Leichenstraßen,
wo ich hab einen streichen lassen,
doch duftet es, du weißt es, Kind,
wo sich erhebt mein Geisteswind.

Lebens-Lauf

Ein Mann, der nichts dazu kann,
der hatte einen Kuhzahn,
der Zahn tat ihm wie toll weh,
da trank der Mann, jawoll, Tee,
der Tee war ihm zu kalt worn,
da soff er mit Gewalt Korn,
vom Korn ward er wie'n Clown froh,
da ging der Mann aufs Fraunklo,
das Klo war ihm zu naß, buh,
er wanderte fürbaß nu,
das Gehn ward ihm zu lang bald,
so kam es, daß er bang lallt',
sein Lallen durch die Nacht fuhr,
hat einen Wind entfacht nur,
vom Wind verweht sein Hut ward,
da war sein Blick vor Wut hart,
der bohrte sich ins Saatland,
zerlochte den Salatsand,
so'n Loch betrat der Stadtmann,
fiel hin und lag im Matsch dann,
der Matsch ihm keine Ruh schafft',
der Mann sich auf die Schuh rafft',
die Schuhe warn von Eis schwer,
und trotzdem stank nach Schweiß er,
der Schweiß ihm von allein rannt',
da lief der Mann ins Rheinland,
der Rhein war ihm zu unrein,
da fiel ihm Kamerun ein,
in Kam'run wollt er nackt sein,
da wurde ihm gesagt: nein,
man ginge hier verhüllt sehr,
da fuhr der Mann nach Sylt her,
dort lag er im Verhau frei

und nahm sich eine Frau, hei,
die Frau, die war ein Fettball,
da tat er einen Bettfall,
von dem der arme Nachtwicht
noch immer ist erwacht nicht.

Purzelbaumschulfarbenschurwollballade

Perry Friedman
1989

Seht der Baum — schul — leh — rer mischt

Far — be, die nicht mehr er — lischt.

Streicht da — mit der E — del — mann

Baum — schul — bub und Mä — del an?

Nein, er ist ein al — ter Mann,

Pur — zel — bäu — me malt_____ er an.

Purzelbaumschulfarbenschurwollballade

1
Seht, der Baumschullehrer mischt
Farbe, die nicht mehr erlischt.

2
Streicht damit der Edelmann
Baumschulbub und -mädel an?

3
Nein, er ist ein alter Mann,
Purzelbäume malt er an.

4
Wenn ihr zu demselben geht,
malt er einen gelben, seht!

5
Baumschulkinder brüllen, staunen,
malt er einen stillen braunen.

6
Malt er einen weiß und schwarzen,
ist er voller Schweiß und Warzen.

7
Einen malt er puterrot
backbord überm Ruderboot.

8
Und dann malt der grelle Hüne
steuerbord noch helle grüne.

9
Ungern malt er bloß die grauen,
doch besonders groß die blauen.

10
Feiertags im Garten hold
pinselt er mit hartem Gold.

11
Frisch aus buntem Schaum geboren,
wird der Purzelbaum geschoren.

12
Diese Schurbaumwolle eben
muß zu Haus die Olle weben.

13
Und noch vor der Wollefärbung
läuft schon an die volle Werbung:

14
Purzelschurbaumwolleteile
halten eine tolle Weile!

15
Mit dem Purzelwollehintern
kannst du bei Frau Holle wintern!

16
Die Moral von der Geschicht:
Jedes Baumwollschergedicht

purzelbäumt mit wilden Faxen,
läßt in Traumgefilden wachsen
aus der Purzelwurzel bald
allerschönsten Purzelwald.

Wer oder was ist paradox?

Einen Hund auf dem Rasen am Rasen hindern.
(Was von Kindern auch gilt und Hasen, Rindern.)

Wenn 'ne alte Schraube wird Mutter bald.
Wer mit Öl auf ein Stilleben Butter malt.

Wenn herrliche Damen dämliche Herrn lieben.
Wenn Unbelehrbare schwärmen von Lernhieben.

Wenn Recken verrecken vor rechten Schleimern
und Schüttler sich schütteln vor schlechten Reimern.

Der Lattenreiher

Da ich ohne Ratte war
(die sind für Private rar),
nicht mal eine Heckenratte
(auch nicht ums Verrecken) hatte,
eilte ich zum Rattenleiher.
Just kam auch ein Lattenreiher,
der vergnügt im Schatten lief,
rückte lange Latten schief,
schätzungsweise zwanzig Dinger,
bastelte alsdann sich Zwinger
völlig ohne Rattenlücken.
Mußte eng die Latten rücken,
mußte dicht die Latten schieben,
weil die Ratten Schatten lieben.
Oft tun ihm die Ratten leid,
wenn er Latt' an Latten reiht:
nimmer soll es Ratten glücken,
rauszuquäln den glatten Rücken,
durchzubohrn den matten Rachen
oder, was gern Ratten machen,
Krallenkratzen, Hauerbeißen.
Rattenbauerbauer heißen
manche diesen schlanken Reiher.
Um den Vogel ranken Schleier
sich von Ruhm und feinen Märchen.
Hausend in gemeinen Pferchen,
die er ohne Kleister baut,
lebt er, liebt er, beißt er, klaut
Hölzer in nicht kleinen Mengen,
hackt sie mit gemeinen Klängen,
staucht sie kurz und karg, und siehste:

schon stehn Bauer, Sarg und Kiste
fertig für den Kundenstamm,
der zu allen Stunden kam.
Längst ist drum der Lattenreiher
Compagnon vom Rattenleiher.

Späne

Leidgeprüfte Eltern hoffen schamhaft,
daß ihr Hämeken es noch zum Ham schafft.

Der Meister, der vom Himmel fällt,
das Raumprogramm fürn Fimmel hält.

Bauberbiten

Bibberbu
Mitten in dem bittern Zuber
wimmeln, winseln, zittern Buber.

Bubberbau
Ihrem Damm verbunden sauber,
schuften die gesunden Bauber.

Bauberbo
Die kohlschwarzen bauen grober
als die schlohweißgrauen Bober.

Bobberba
Baun sie nicht, dann boxen aber
ungeschlacht die Ochsen-Baber.

Babberbeu
Zum versierten Banken-Räuber
mausern sich die ranken Beuber.

Beuberbee
Auch als Schatz- und Beuteheber
engagiert man heute Beber.

Bebberbei
Unterm Dickicht beben Leiber:
so gemütlich leben Beiber.

Beiberbi
Triffst du ein'n, du beißt'n lieber
nicht, denn Abwehr leisten Biber.

Bauberbiten

Bibberbu

Perry Friedman
1989

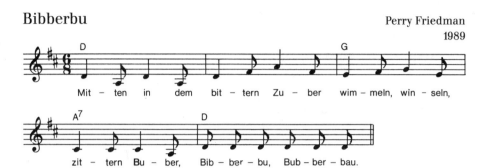

Mit – ten in dem bit – tern Zu – ber wim – meln, win – seln,

zit – tern Bu – ber, Bib – ber – bu, Bub – ber – bau.

Bubberbau

Ih – rem Damm ver – bun – den sau – ber, schuf – ten die ge –

sun – den Bau – ber. Bib – ber – bu, Bub – ber – bau, Bau – ber – bo.

Bauberbo

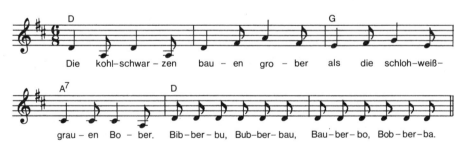

Die kohl–schwar – zen bau – en gro – ber als die schloh–weiß–

grau – en Bo – ber. Bib – ber – bu, Bub – ber– bau, Bau–ber–bo, Bob – ber – ba.

Bobberba

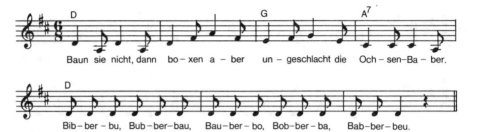

Baun sie nicht, dann bo-xen a-ber un-geschlacht die Och-sen-Ba-ber.

Bib-ber-bu, Bub-ber-bau, Bau-ber-bo, Bob-ber-ba, Bab-ber-beu.

Babberbeu

Zum ver-sier-ten Ban-ken-räu-ber mau-sern sich die

ran-ken Beu-ber. Bib-ber-bu, Bub-ber-bau, Bau-ber-bo, Bob-ber-ba,

Bab-ber-beu, Beu-ber-bee.

Beuberbee

Auch als Schatz und Beu-te-he-ber en-ga-giert man

heu-te Be-ber. Bib-ber-bu, Bub-ber-bau, Bau-ber-bo, Bob-ber-ba,

Bab-ber-beu, Beu-ber-bee, Beb-ber-bei.

40

Bebberbei

Un – term Dik – kicht be – ben Lei – ber: so ge – müt – lich
le – ben Bei – ber. Bib-ber-bu, Bub-ber-bau, Bau-ber-bo, Bob-ber-ba,
Bab-ber-beu, Beu-ber-bee, Beb-ber-bei, Bei-ber-bi.

Beiberbi

Triffst du ein'n, du beißt'n___ lie – ber nicht, denn Ab – wehr
lei – sten Bi – ber. Bib-ber-bu, Bub-ber-bau, Bau-ber-bo, Bob-ber-ba,
Bab-ber-beu, Beu-ber-bee, Beb-ber-bei, Bei-ber-bi, Bei-ber-bi,
Bei – ber – bi   Bei – ber – bi   Bei – ber – bi

An den blauen Mond

Über dem Gemäuer thront
ganz bezecht mein treuer Mond.
Um die dicke Leuchte fächeln
Wölkchen – hupp –, die feuchte lächeln.
Ha, wie muß ihr Streicheln schmecken!
Unter ihrem Schmeicheln strecken
faul sich deine weißen Glieder.
Deine Äuglein gleißen wieder!
Olle Säufersonne, wo
sah man dich in Wonne so?
Wieder jung das alte Haus.
Schnapp nicht über, halte aus!
Kerl, wie deine Kiemen rotzen,
reiß dich ja am Riemen, kotzen
niemals nicht ein Kenner muß.
Freund, nimm diesen Männerkuß!
Du bist richtig: tollste Fuhren
drehst du da auf vollste Touren.
Und du kannst was: ohne Seile
turnst du da mit so'ne Eile.
Nur dich jetzt nicht fallen lassen!
Lieber mal mit Lallen fassen
nach der Venus Lockentracht.
(Wie die Holde trocken lacht!)
Laß die biedern Spießer mucken.
Die solln noch viel mieser spucken.
Der nie bei den Lauen blieb,
der du hast die Blauen lieb,
reich mir deine Flosse nieder.
Wilder Saufgenosse, flieder-
farbenes Gestirn, du willst,
der des Herzens Wirrn du stillst,
ja du willst im schwanken Niederbrennen
alle Säufer deine Brüder nennen.
Prost!

Selbstbildnis

Wie eine eingestauchte Birne
wächst aus dem Hals das schräge Haupt.
Aus blondem Haargehege schraubt
sich eine zart gebauchte Stirne.

Zwei Augen, die sonst Katzen frommen,
grün-blau, zu beiden Zinkenflanken,
dazu ein Mund zum flinken Zanken,
aus dem die dümmsten Fratzen kommen,

mit dreist geschwungnen nassen Lippen.
Das Kinn scheint ungefähr zu schwinden,
ist unterm Barte schwer zu finden.

Das Ganze grinst. Gelassen nippen
die Zähne am Zigarrenzipfel.
Rauch wogt um den bizarren Gipfel.

Literarische Schattenreisen

Wie Transvestiten falsche Busen mieten,
wolln Tavestien uns falsche Musen bieten.

Erschöpfungsbericht

Nach 1. Mose 1, 1 – 2, 3

(1,1) Am Anfang, da Gott Erd und Himmel schaffte,
(2) lag auf der Tiefe noch die schimmelhafte,
die Finsternis als Urgelüst, und wer
die Erde suchte, fand sie wüst und leer,
nur Gottgeist schwebte auf der Wassernacht.
(3) Es werde Licht! sprach Gott auf nasser Wacht.
Und es ward Licht, (4) und gutes. Sieh, er wagte
zu scheiden Licht von Dunkel, wie er sagte,
was wohl am Schein seiner Latichte lag,
(5) und hieß das Finstre Nacht, das Lichte Tag.
So ward aus Abend und aus Morgen sachte
der erste Tag, der wenig Sorgen machte.

(6) Gott sprach: Es werde eine reine Feste
im Wasser, daß sich bis auf feine Reste
die Wasser scheiden, die die Feste bannt.
Und so geschah's, was Gott das beste fand.
(7) Gott ließ die Wasser hoch und nieder währen,
doch nicht sich mischen oder wieder nähren,
stets blieb die Feste im Gewimmel hart.
(8) Von Gott ihr da der Name „Himmel" ward.
So ward aus Abend und aus Morgen sachte
der zweite Tag, der nicht viel Sorgen machte.

(9) Gott sprach, die Flut er fortzulocken trachte,
bis andernorts das Land ihm trocken lachte.
Und so geschah's. (10) Noch unbemannt und leer
hieß „Erde" Gott das trockne Land und „Meer"
die Wasserflut und fand das lange gut. –

(11) Und daß die Erde käm in Gange, lud
Gott Gras und Kraut ihr auf und reichte Samen,
bis berste vor Gewächs der seichte Rahmen.
(12) Und so geschah's. Es sprossen Samenkräfte,
im Innern der Gewächse kramen Säfte,
es schwelgt der Stoff im Nimm und Gib und lud
sich selber auf. Gott fand das lieb und gut.
(13) So ward aus Abend und aus Morgen sachte
der dritte Tag, der auch kaum Sorgen machte.

(14) Gott sprach: Am Himmel sollen Lichter sein
über der Erde als Gesichterlein,
sie geben, Tag und Nacht zu leiten, Zeichen
und sollen Stunden, Jahre, Zeiten laichen.
(15) Und so geschah's. Das gab der Erde Schein.
(16) Zum Sternenreigen Gott bescherte ein
Zentralgestirn mit großem, krassen Licht,
dazu ein kleines, das gelassen kriecht,
(17) so daß sie über all den feuchten Landen
für Gott gar manches zu beleuchten fanden
(18) und klärten so des Dunkels ganze Flut.
Gott fand das grade für die Pflanze gut.
(19) So ward aus Abend und aus Morgen sachte
der vierte Tag, der keine Sorgen machte.

(20) Gott sprach: Es solln im Wasser Tiere weilen
und Vögel sich die Luftreviere teilen
auf Erden unter meinen Himmelweiten.
(21) Und Gott schuf Wale und Gewimmelheiten
von Luft- und Wassertieren feiner Sorte.
Und Gott befand es gut von seiner Pforte.

48

(22) Und Gott, der ihnen seinen Segen lieh,
hieß fruchtbar sein und Eier legen sie,
die voller Schuppen und Gefieder waren:
nichts Schönres könne ihnen widerfahren.
(23) So ward aus Abend und aus Morgen sachte
der fünfte Tag, der keinem Sorgen machte.

(24) Und Tiere solln, sprach Gott, auf allen Vieren
durchs Land spaziern, auch bei Gefallen ihren
Weg unterirdisch ziehn im bangen Schlauch
und teils auch kriechen auf dem Schlangenbauch.
Und so geschah's. (25) Gott gab den Tieren Schöne
und Kraft, und jeder Art die schieren Töne,
und fand es gut. – (26) Und sprach, nicht fehlen solle
sein Spiegelbild, der Mensch, der seelenvolle
Beherrscher alles Viehs vom Erdenballe.
(27) Und schuf zum Bild seiner Gebärden alle
und seines Geists, der ohne Ufer schien,
den Mann, zum Bilde Gottes schuf er ihn,
das Weib dann, weil, auch ohne Weihen zwar,
der Mensch am glücklichsten zu zweien war.
(28) Und Gott den beiden seinen Segen lieh,
auf daß sich zueinander legen sie
und fruchtbar sei'n, sich was zu kochen jönnen
und gleich die Erde unterjochen können.
(29) Und Gott sprach: Seht, ich hab euch Kraut geschenkt
und Bäume auch, ihr aber schaut gekränkt,
(30) wollt unentwegt zu meinen Tieren eilen,
sie schlachten, sie bekaun an ihren Teilen,
zuvor noch Milch aus ihrem Euter kratzen,
statt daß euch, wie den Ochsen, Kräuter atzen.
(31) Gott sah umher: in jeder Gasse Blut.

War seine Welt, die leichenblasse, gut?
So ward aus Abend und aus Morgen sachte
der sechste Tag, der erstmals Sorgen machte.
(2,1) Und Erd und Himmel, frisch geschaffen, waren
bald ein gewaltiges Heer von Waffenscharen.
(2) Gott sah's, da ward ihm um die Seinen bang,
so daß er ächzend von den Beinen sank
am siebten Tag, der ihm schon Sorgen machte,
eh er den Engeln guten Morgen sagte.

(3) Gott sprach, da er den Tag darniederlag:
Man heilige ihn und schlage Lieder nach!
Verdammt sei, wer nicht innehält zuweilen
und sich besinnt, wie diese Welt zu heilen.
Was schrein sie, fluchen mein und schelten Waffen?
Solln selbst sich endlich bess're Welten schaffen!

Osterspaziergang

Unwiderstehlichem Drange folgend, einmal
Goethes Faust zu schütteln

Vom Eise befreit sind Kähn' und Flüsse
Durch des Frühlings holden durchtriebenen Blick,
Im Tale hört man Flehn und Küsse;
Der Winter in seiner Kränke und Schwäche
Vergaß seine alten Schwänke und Kräche,
Versuchte den letzten verbliebenen Trick:
Aus rauhen Bergen flackerte nur
Ein körniger Schwall von beweglichem Eis
In Streifen über die nackerte Flur.
Doch die Sonne hält nichts von so ekligem Weiß,
In ihrem wunderlichen Bestreben
Will sie alles mit farbigen Strichen beleben;
Und wo's an Blumen noch im Revier gefehlt,
Hat sie geputzte Menschen dafür gewählt.
Kehre dich um, statt hier satt zu stehen:
Da unten ist die Stadt zu sehen!
Aus dem finsteren, vollen Tor
Drängeln sie sich wie die Tollen vor.
Heut möchte sich jeder gern erheben.
Der Auferstehung des Herrn ergeben,
Sind sie selbst auferstanden: aus Beterstätten,
Aus ihren muffigen Städterbetten,
Aus Neubauwohnungen, diesen Fächern,
Aus Mietskasernen mit fiesen Dächern,
Aus Straßen von ganz gemeiner Enge,
Aus Kellern, die nur die Gicht beleben,
Aus dem Gedränge in einer Menge
Haben sich alle ans Licht begeben.
Sieh nur, sieh! wie die feisten Massen,
In Feld und Wiese liegend, wimmeln,

Wie sich am Arm die meisten fassen
Und sich, im Nachen wiegend, lümmeln!
Zu voll, fast in die Wellen sinkend,
Entfernt sich dieser Narrenkahn.
Vom Berg seh ich Gesellen winkend
Mit Weibern, Kind und Karren nahn.
Inmitten des Getümmels hier
Schaut nun das Volk die Himmelstür,
Verdattert seufzet groß und klein:
„Hier steh ich Erdenkloß und grein!"

Die Ballade von den Seeräubern

Ein Überbrechtl

1

Von Branntwein toll und Wetterbränden!
In Nächten schwarz wie dichter Sumpf!
Von Frost zerfetzt, in Bretterwänden!
Im Mastkorb, die Gesichter dumpf!
Gebrannt von Sonne schwach und krank!
(Sie hatten nur die bleiche lieb)
Aus Hunger, Fieber, Krach und Schwank
Sang alles, was nicht Leiche blieb:
    O Himmel, toller blasser Wind,
    Enorm uns in die Seite weh!
    Laß uns, von Sturm und Wasser blind,
    Nur unser Blau, die weite See.

2

Kein Dorftanz, keine Lindensänger,
Sie hält zurück kein schöner Jazz
Mit Weibern und Absinthen länger,
Nicht dieser oder jener Schatz.
Sie fahren los, durchforschen Meere,
Ihr Stolz ist die geübte List.
Ihr Herz gehört der morschen Fähre,
Dem Schiff, das die Geliebte ist.
    O Himmel, toller blasser Wind,
    Enorm uns in die Seite weh!
    Laß uns, von Sturm und Wasser blind,
    Nur unser Blau, die weite See.

3

Mit seiner Pest, verbauten Löchern,
Mit seinen Ratten, Teer und Mief,
Sie fluchten drauf beim lauten Bechern
Und liebten es nur mehr und tief.
Den ganzen Tag die Lümmel hocken
Im Mastwerk, wo die Vögel sind.
Kein Gott kann sie in Himmel locken,
Solang sich da kein Segel findt.
　　O Himmel, toller blasser Wind,
　　Enorm uns in die Seite weh!
　　Laß uns, von Sturm und Wasser blind,
　　Nur unser Blau, die weite See.

4

Sie häufen Gold, Juwelen, Steine
In ihren morsch versparrten Kiel,
Sie stapeln Seide, stehlen Weine
Und prahlen wüst beim Kartenspiel.
Die Pestverseuchten halten Kuren
Mit Whisky ab und Bieren auch
Und legen sich die kalten Huren
Als Pflästerchen auf ihren Bauch.
　　O Himmel, toller blasser Wind,
　　Enorm uns in die Seite weh!
　　Laß uns, von Sturm und Wasser blind,
　　Nur unser Blau, die weite See.

5

Die heißen Beulen sind wie reife
Tomaten auf dem weichen Leib,
Daraus der Eiter rinnt wie Seife.
Zum Schluß holt sie kein Leichenweib.
Sie nimmt beim Knarrn der vollen Segel
Das Meer in seinen schweren Arm,
Und ihren Abgang sollen Vögel
Begleiten als ein Ehrenschwarm.
   O Himmel, toller blasser Wind,
   Enorm uns in die Seite weh!
   Laß uns, von Sturm und Wasser blind,
   Nur unser Blau, die weite See.

6

Nicht einer, dem am Trauern läge.
Schon sind sie wieder Meilen fort.
In höchsten Rahen lauern träge
Gleich Wölfen sie auf feilen Mord.
Beglückt und ohne Hassen morden
Sie, was vor ihre Zähne kam.
Paar Kerls zermetzeln Massenhorden,
Im Nu sind dickste Kähne zahm.
   O Himmel, toller blasser Wind,
   Enorm uns in die Seite weh!
   Laß uns, von Sturm und Wasser blind,
   Nur unser Blau, die weite See.

7

Aufs fremde Schiff mit freien Späßen
Wird der versoffne Leib bewegt,
Wo erst sie bis zum Speien fressen,
Dann wird das fremde Weib belegt.
In geiler Paarung stürzen viere
In See, von Trunk und Fraße blau,
Und nun besteigen vierzehn Stiere
Eine geraubte blasse Frau.
    O Himmel, toller blasser Wind,
    Enorm uns in die Seite weh!
    Laß uns, von Sturm und Wasser blind,
    Nur unser Blau, die weite See.

8

Wenn sie aufs Deck voll Wonne sinken,
Von Sprit und Tanze selig matt,
Mag Mond zugleich und Sonne winken,
Man hat Krawall allmählich satt.
Die Wogen mit den schweren Mähnen
Sie mit Musik umgaukeln schön.
Sie gleichen auf den Meeren Schwänen,
Die im Passate schaukeln gehn.
    O Himmel, toller blasser Wind,
    Enorm uns in die Seite weh!
    Laß uns, von Sturm und Wasser blind,
    Nur unser Blau, die weite See.

9

Doch eines Nachts bei Sternenfülle,
Wie sie der Himmel selten hat,
Wird sie das Meer entfernen stille,
Es hat schon längst die Helden satt.
Sie spürn noch voll Erbarmen Engel
Bei ihnen stehn auf milder Wacht,
Da packt der Sturm die armen Bengel
Und mäht sie hin mit wilder Macht.
    O Himmel, toller blasser Wind,
    Enorm uns in die Seite weh!
    Laß uns, von Sturm und Wasser blind,
    Nur unser Blau, die weite See.

10

Noch einmal schmeißt die weiße Hölle
Zum Himmel das zerriss'ne Schiff,
Und da, die letzte heiße Welle
Zeigt ihnen das beschiss'ne Riff!
Und eh noch riß der letzte Faden,
Aus allen Kehlen schreit es wild,
Da singt der ganz zerfetzte Laden
Dem Teufel noch, daß weit es schrillt:
    O Himmel, toller blasser Wind,
    Enorm uns in die Seite weh!
    Laß uns, von Sturm und Wasser blind,
    Nur unser Blau, die weite See.

Kulinarische Possenrisse

Schlürft meines Bregens reifen Schleim
im Doppelschüttelschleifenreim!

Kunsthistörchen

für Hans Thiemann

Antiker Torso

Lebendig könnt die Stele sein,
und doch ist ihre Seele Stein.
Mußt nur das Bein, das steile, sehn:
es kann ganz ohne Seile stehn.

Romanisch

Märtyrer, die sich fangen ließen,
mit großem Aug und langen Füßen,
die Jesum mit der Linken fassen,
den Leib verzückt den Finken lassen.

Frühgotisch

Die Meister, Gott zu Lehen, rieben
ein Rot, wie wir's bei Rehen lieben,
ein Blau, wie's kaum verliehen Reben:
auf Goldgrund ein Marienleben.

Spätgotisch

Blaß lockt auf grüner Leiberwiese
die schönste aller Weiber, Lise.
Durchs Gras huscht schon die Viper leise.
O Christenmensch, werd lieber weise!

Renaissance

Ganz wild nach Welt-Kontakten, nehmen
sie sich das Recht zu nackten Themen.
Berühmte Architektennamen.
Frivole Päpste neckten Damen.

Flämische Schule

Der Arme mußt auf prallen Festen,
wo Trunkne sich im Fallen preßten
und Reiche frech auf Fellen praßten,
wollt er nicht Zeche prellen, fasten.

Barock

Die Schenkel prall, die Backen nett,
legt Phryne sich aufs Nackenbett,
wie's Daphnis unter Necken bat,
der dreist schon ihrem Becken naht.

Klassizismus

Wer wird der Gipsgestalten Herr?
Nackichte Krieger halten ster-
bend Wacht bei einem Heldenstar
mit wirrem, gramentstellten Haar.

Romantik

Da stehn die rustikalen Mysten
auf hohem Kap und malen Küsten
mit Kloster, Burg und Mühlenkasten,
auch stolze Wracks mit kühlen Masten.

Impressionismus

Ein Fischer seine Leinen richt',
die Seine flirrt im reinen Licht,
scheint silbrig zu gerinnen leicht.
Man malt, solang das Linnen reicht.

Vincent

Ihr Gluten, ihn zu gerben, fallt!
Mit Blut es hier zu färben galt.
Ekstatisch wogt das Garbenfeld.
Der Bruder gab das Farbengeld.

Niederbayerische Realisten

Es röhrt der Hirsch im schieren Wald,
manch Schuß aus den Revieren schallt.
Verblutend liegt in Scharen Wild.
Elf Mark das Pfund laut Warenschild.

Kubisten

Picasso, mein Maler,
wird Gris vom Wein kahler?
Wie Braque ist kein Wal er.
Ihr türmtet Mahnmeiler,
nüchterne Wahnkeiler,
alle bei Kahnweiler.

Surrealismus

Was die montierten Welten sollen?
Was Ideologen selten wollen:
euch wandeln zu Revolten-Seelen,
die Lust statt Frondienst sollten wählen.

Geometrisch abstrakt

Wofür aus Sammlerhand viel Mille rannen,
ich nenn sie Bilder für sterile Mannen.
Die Fläche leblos, kalt und mineralen,
als ob die Kerls mit Margarine malen.
Auch heut gibt's Maler noch und Malerinnen,
die solche Farb- und Formspirale minnen.

Expressionismus

Nase blau vom reinen Wod-
ka, die Stirn von Weinen rott,
Augen schon geronnen weit:
Orgie sich zu Wonnen reiht.

Avida dollars*

Hoch schwingt der Star die Malerfaust:
vom Zaun sich einen Pfahl er maust,
den wild er mit dem Maul erfaßt.
So wird zu Gold ein fauler Mast.

Tachismus

Sein Bild in bunten Flocken käst.
Gut, daß du diesen Kecken flohst,
der deine blauen Flecken kost.
Zu spät, wenn du mit Kokken flehst.

Sozialistischer Realismus

Trupps, die die Ernte wieder bergen,
Schacht, wo die Kumpels bieder werken,
Labors, wo Säurebäder wirken,
und weder Rosen, weder Birken.

Kunstmacher im Spätkapitalismus

Was flößt er unsern Sinnen ein?
Sein marktkonformes Innensein!
Sehn Händler darin einen Sinn,
dann ist er bei den Seinen »in«.

*André Bretons Anagramm des Namens Salvador Dalí

Ahnenkult

Recken

I

Sie mußten eine Ger haben.
Den konnten sie sogar heben.
Wenn sie den einmal hergaben,
hieß bald es Haut und Haar geben.

II

Manch Wildbret sie zum Herd gaben.
Zum Mund sie's halb gegart heben.
Hart nehmen sie, die hart geben.
Solln auch viel Met begehrt haben.

III

Beim Trunk sie sich als Held gaben,
konnten ein Faß, wenn's galt, heben.
Sie wollten Land statt Geld haben.
Wer sollte auch Gehalt geben?

IV

Vor Fraun sie sich behend gaben,
konnten galant die Hand geben,
die Füße elegant heben.
Werden auch kaum gegähnt haben.

V

Sie konnten prächtig Harn geben.
Die Ehre sie dem Herrn gaben.
Sie durften nie Zigarrn heben.
Man muß sie einfach gern haben.

Volkers Nachtlied

Im Schlafe sie sich sacht wiegen.
Ob sie, wenn sie erwacht, siegen?
Das Schwert wird's mit Gewicht sagen,
sollt' sich der Feind in Sicht wagen.

Wir Recken auf den Schlachtzügen
verreckten, so wir zart schlügen.
Wir werden, eh wir schlicht zagen,
zu Sülze dies Gezücht schlagen.

Wer bleibt, sobald es kracht, liegen,
soll Prügel, bis er lacht, kriegen.
Verräter, die man kriegt, lagen
bald ohne Leben, Licht, Kragen.

Die Raben durch die Nacht fliegen.
Der Mensch stieg, weil verflacht, nie gen
Himmel. Die's Fliegen nicht pflagen,
solln Staub, wie's Rattenpflicht, nagen.

Der Held

Ein Held, der viele Streiche litt
und der fast noch als Leiche stritt,
dem ist das Wesentliche Streit.
Ihm sind die Landesstriche leid,
wo man kein Pulver rieche, seit
er jeden unter „Sieche" reiht,
der, wo er Kampfbereiche sieht,
zu friedlichem Geseiche riet.

Tandaradei

Unter der Linden, am Walde hier,
da lagen auf der Halde wir.
Ich grub mich ihr ins wilde Haar.
Mein ganzes Glück die Hilde war.
Seit Walther ist der wahre Halt
der Poesie ein Haarewald.

Reisebilder

Gipfelstürmer

Wo steil nur Felsenwände ragen
im stolzen Schneegewande, regen
sich Trupps am Gletscherrande wegen
der Freude aufs horrende Wagen.

Weil Bergluft Kräfte sende, lagen
sie nicht im Meeressande, legen
nicht Wert auf flacher Lande Segen.
Doch vom Gebirgsgelände sagen

sie, daß hier jeder Stunde Reigen.
mit dem sie in die Runde steigen,
sich immer wieder lohnte. – Wiegen

sich Wolken wie gelinde Wogen.
Das Tal, wo seichte Winde logen,
fern sieht man das bewohnte liegen.

Der Wadenbann

Um Lob zu ernten bei den Mannen,
wolln deren Blick die Maiden bannen
mit ihren schlanken Madenbeinen,
was sie zumeist beim Baden meinen.

Wenn auf den Freibadweiden Mannen
sich zeigen, meiden Maiden Wannen
und baden wie Nomaden, – weinen,
wenn wir dann von den Waden meinen,

daß sie zum Augenweidenbannen
nicht tauglich seien. Bei den Wannen
geblieben mit den Wadenbeinen,
sie müßten nicht beim Baden weinen!

Eckartsburg

I Aufstieg

Die Felsen hier schon stehn 'ne Weile,
sie sind, wie ich erwähne, steile.
Den Anstieg durch die Steine wähle.
Den Mut mir, wenn ich weine, stähle.

II Am Ziel

Wenn wir hier noch 'ne Weile stehn,
wo uns umtost das steile Wehn,
stürz ich von schroffer Wälle Stein,
es sei denn, man bestelle Wein.

Teufelsmoor

Deine Knie nicht laß erweichen,
wenn Klock zwölf sie leis erwachen.
Horch, mein Kreideweißer: lachen
rings nicht schon die Wasserleichen?

Die das Moor nicht modern ließ,
gehn mit prallen Miedern los,
Tang im Haar, auf Lidern Moos,
ihre Nüstern lodern mies,

ihre Kieferlade weicht,
Leidenschaft im Leide wacht.
Bis die Trauerweide lacht,
schwingen sie die Wade leicht ...

Grausig, wenn so'n nasser Wicht
in der Finsternis erwacht.
Kinder, in gewisser Nacht
geht mir an das Wasser nicht!

Hausschatz

Blaue Stunde

Der Vater auf der Liege wacht.
Der Säugling in der Wiege lacht.
„Bleib nur in dieser Lage, Wicht,
dann stört dich nicht das vage Licht!"

Üble Nachrede

Da rennt der Kerl, der unsern Lift schuf,
der immer stehnbleibt in der Luft schief.
Warum mit nassem Schuh der Schuft lief?
Er hat, was man nicht soll, geschifft Luv!

An die Räuberbraut

Wenn ich die Wumme zieh, ducken!
Mensch, deine Wimpern, die zucken.
Findst du beim Ballern zu dicken
Widerstand, schon machst du Zicken.
Ist dir die Luft hier zu dicke,
hau lieber gleich ab, du Zicke!

Beim kalten Buffet

Weil all die Prominenten kamen,
von denen jeder kennt den Namen,
iß rasch, eh die genannten kämen
und uns die Wurst vom Kanten nähmen!

Nachtstück

Erst hört ich in der Laube Tritte,
dann eines Mannes trübe Laute,
dann keifte sie, die Liebe, Traute,
daß er am Saft der Traube litte,

den sie vor seinem Raube hüte.
Dann Lärm: wie sie die Rübe haute
und ihm das Fell durch Hiebe rauhte.
Dem Mann ich von der Haube riete.

Menschheitsdämmerung
oder
Frau beim Telewischen

Nie sah
sie nah.
Sah fern.
Fasern
stumm irrn
um Stirn.
Heiß staut
Steißhaut
um Darm.
Dumm, arm
ihr Scherz.
Schier Erz
ihr Mund
mir. Und
Bier auch
ihr Bauch.
(Soll fein
voll sein).
Saß lang
wie naß.
Las, sang
nie was.
Stickt nur.
Nickt stur.
Schaut, lallt.
Laut schallt
ihr Hund
hier und
speit, wühlt.
Weit spült
glasdick
das Glück.

Auf mein Grab

O Mensch, hat dich der Tod gehaun, beißt
du brav ins Grab, das man dir baun heißt.
Wenn dann der Wurm dir im Gebein haust,
als Dung du mit an diesem Hain baust.
Darum, wenn du ein schönes Bein schaust,
greif zu, Mann, der du nicht auf Schein baust,
eh selbst du in des Grabes Schaum beißt,
wo bloß manch Hund an deinem Baum scheißt.

Perry Friedman
1989

Nachwort

Weil's ohne Nachwort dünner klingt,
der *Kettler* sich den *Klünner* dingt.

Der Schüttelreim hat keine Tugend. Sein Dichten und Trachten ist böse von Jugend auf. Er ist der Diversant unter den Versen. „Das Große bleibt groß nicht und klein nicht das Kleine", wenn er auf den Plan tritt. Nichts ist ihm heilig, nichts ist ihm wichtig, es sei denn der schöne Wechsel. So scheint er seine Aktivität in erster Linie gegen jede etablierte Hackordnung zu richten. Was dieses *enfant terrible simplificateur* in den Griff bekommt, wird Karikatur. Das aleatorische Element, das ihm innewohnt, verunsichert alles: durch den Zufall als Schöpfer wird die ganze Schöpfung dem Zufall unterworfen. Vor der Objektivität der hasardierenden Konsonanten wird das Ausgesagte unverbindlich, verliert seine ursprüngliche Emotion, seine Zielstrebigkeit, seinen angestammten Platz in der Hierarchie der geistigen Werte. Der Unernst triumphiert, die Entfremdung wird vollkommen, die Bezeichnung meint nicht mehr das Bezeichnete, sondern narzißtisch sich selbst und verblaßt zum Zeichen. Alles Vergängliche ist – tatsächlich hier! – nur ein Gleichnis, und das einzig zulängliche Ereignis weit und breit besteht darin, daß den Spielregeln Genüge geschieht. Das ist allerdings der Punkt, an dem das Spiel ernst wird und die Spieler zu strenger Observanz verurteilt.

Es ist schwer, sich der Doppelfessel des Schüttelreims zu entwinden, seiner Virtuosität und seiner Eleganz. Aufgrund solcher Faszination setzt der Reim eine Zwangsdemokratisierung durch. Unversehens müssen erlauchte Geister mit Pennern auf dem Niveau der puren Spielerei fraternisieren. Krasser Blödsinn bekommt auf einmal Allüre und wird zum Nonsense aufgewertet. Das Unflätige, sauber geschüttelt, erfreut sich plötzlich in weitem Kreis offener Zustimmung. Das Strahlende, Erhabene – nun, es braucht weder geschwärzt noch in den Staub gezogen zu werden, doch wird ihm durch das Schütteln Luft herausgelassen, gerade soviel, daß die patriarchalische Imponiergebärde um ein weniges zusammensackt und einen Hauch von Mitgefühl aufkommen läßt. In der Tat hat ambitioniertes Reimgeschüttel immer etwas Komisch-Rührendes an sich.

Bei solchem Treiben macht der Schüttelreim eine halb distanzierte, halb treuherzige Miene wie ein ertappter Schüler, der seine Hände in ganzen Eimern von Unschuld wäscht. Es sei doch alles nur harmloses Spiel gewesen, sagt der naive Blickaufschlag; um dann mit stolz blitzendem Auge hinzuzufügen: im übrigen sei das eine Kunstausübung von höchstem Rang und Raffinement und nicht mit kleinlichem Philistermaßstab zu messen. Und da beide Behauptungen zutreffen, läßt sich schlecht dagegen argumentieren.

Man sieht bereits: dieser Reim hat mehr als doppelten Boden. Er ist der geborene Unterwanderer. Die Zunft der Schüttler hat das bisher verschwiegen. Das ist erklärlich. Die Meister der Gilde im 19. und 20. Jahrhundert waren allzu honorige Leute. Sie witterten zwar die Fäulnis ihrer Welt, wollten aber keineswegs vom bürgerlichen Wohlverhalten lassen. Sie schrieben ihre Verse gleichsam unterm Tisch: die Rechte durfte nicht wissen, was für Ungereimtheiten die Linke sauber reimte. Seitdem gehört in ihren Kreisen das Pseudonym zur Tradition. Und was das Lächeln dieser Auguren betrifft, so ist schwer zu entscheiden, woher es rührt: vom Schalk, der ihnen im Nacken sitzt, oder von ihrer Verlegenheit, dergleichen Narretei nicht rigoros genug bei sich unterdrückt zu haben. Dem Autor der vorliegenden Schüttelergüsse sind solche Gewissensbisse fremd. Er schätzt den Schüttelreim, gerade weil er, den Wühlmäusen gleich, das Geltende unterminiert und die Narrenprobe auf dessen Existenzberechtigung macht. Allerdings – das weiß der Autor auch – Verlaß ist auf den Schüttelreim nicht. Wer von ihm gute anarchistische Partisanenarbeit verlangt, wird enttäuscht. Der Schüttelreim ist ein Underground-Phänomen mit allen Vorzügen und Nachteilen solcher Subkultur.

Er ist ein Kompromiß- und Mischwesen, das seine Herkunft aus dem bildungsbürgerlichen Milieu des 19. Jahrhunderts ebensowenig verleugnen kann wie eine romantische Neigung zu rauschhaftem Sprachgebrauch und einen possenhaften Hang zu individuellem Terror. Damit soll nichts Abwertendes gesagt sein, im Gegenteil: ein Gebilde, das unzuverlässig funktioniert, gewinnt in unserer ad absurdum perfektionierten Welt durchaus positive Aspekte. Das Unberechenbare, Verspielte, Launisch-Sprunghafte des Schüttelreims ist ein Charme, den er mit Katzen und Frauen teilt oder mit jungen Pferden, die auf freier Wildbahn aufwachsen. Hat der Cowboy den widerstrebenden Mustang zugeritten, zeigt sich Stolz und Genugtuung auf seinen schweißtriefenden Zügen. So setzt auch der Schüttler seine Ehre darein, den Eigenwillen der Konsonanzpaare zu brechen, ihren Selbstbefriedigungsdrang (den Reim nennen heißt schon die Hauptlust auslösen!) zu sublimieren und das unbeschwerte Reimgeklingel und -gefunkel in einen Sinnzusammenhang zu pressen, ja nach Möglichkeit einem überzeugenden Gedanken zu unterwerfen. Dabei nehmen die Kunststücke der vom Ehrgeiz geschüttelten Zureiter oft groteske Formen an. Daß die Großmeister seitenlange Poeme schütteln können, ist selbstverständlich. Schwieriger wird's, wenn zugleich parodiert werden soll oder wenn noch formale Schikanen eingebaut werden. Zum Pflichtrepertoire der Schüttler gehören auch Leistungsproben mit dem doppelt geschüttelten Schleifenreim, bei dem außer den Konsonanten noch die Vokale vertauscht werden. Beliebt sind auch Schnurrpfeifereien mit dem Alphabet. Mein Autor hat zu dieser angenehmen Pflicht noch eine Kür gefügt, die nicht nur durch den Schwierigkeitsgrad verblüfft, sondern stellenweise absolutes Schüttelneuland erschließt. Reden wir nicht vom Schütteln der Monatsnamen, der Firmen und Farben – all das ergibt nur ein neues Glied in der Kette der Tradition. Doch muß auf den dritten Teil dieses Buches, die literarischen Persiflagen, hingewiesen werden. Schon mit dem *Osterspaziergang* und der *Seeräuberballade*, die das Goethesche und Brechtsche Original fast wörtlich nachschüttelnd travestieren, wird, wie mir scheint, ein Markstein in bislang noch kaum betretenem Gelände gesetzt. Besonders liebevoll ist der *Erschöpfungsbericht* gearbeitet. Der Autor ist hier engagierter Schalk und Prediger in einem. Im letzten Teil jongliert mein Autor fast ausschließlich mit dem Doppelschüttelreim und serviert dem Schüttelgourmet eine Reihe kulinarischer Spezialitäten. Dabei scheint ihm oft die einfache vierzeilige Form dieses sogenannten Schleifenreims (z.B. auf S. 68: Streiche litt/Leiche stritt/liche Streit/striche leid) nicht zu genügen, so daß er sie durch Silbenumkehrung (vgl. S. 71) oder durch Konsonantenänderung (S. 68: rieche seit/Sieche reiht/reiche sieht/seiche riet) zum Doppelschleifenreim erweitert: Im Sonett *Gipfelstürmer* (S. 69: Dreifachschleifenreim) und vor allem in *Volkers Nachtlied* (S. 67: sechzehnzeiliger Vierfachschleifenreim) steigert er die virtuosen Mätzchen auf eine formalistische Höhe, die kaum noch überbietbar erscheint. Doch keine Bange, der Fortschritt ist unaufhaltsam: spätere Schüttler werden unzweifelhaft auch diese Rekorde purzeln lassen. Leider berücksichtigt *Guinness' Buch der Rekorde* nicht die Schüttlerhöchstleistungen. Sonst hätte schon der kürzeste Schüttelreim darin seinen Platz gefunden. Er lautet bekanntlich: *Du bist/Buddhist.* Nun hatte es den Kettlerleo gepackt, aus einer ganzen Reihe solcher ultrakurzer Schüttelreime ein ganzes Poem zu entwickeln. Dieses

82

längste Elaborat aus kürzesten Schüttelreimen, das je bekannt geworden ist, steht auf Seite 75. Wen wunderts, daß hier die Sprache gepreßt, gestaucht, wie mit Hämmern verdichtet wurde? Die Diktion erinnert ein wenig an expressionistische Lyrik à la August Stramm, wie sie in der *Menschheitsdämmerung*, der berühmten Anthologie der zwanziger Jahre, vorkommt.

Seltene Schüttelreime, seltenere Schleifenreime, noch rarere Doppelschleifenreime finden, das ist die eine Sache. Die andere ist eine möglichst originelle und ungezwungene Sinnfüllung. Man möchte meinen, *Friedrich Nietzsche* habe die Schüttelreimerei im Auge gehabt, als er sich in der „Fröhlichen Wissenschaft" über *Dichtereitelkeit* ausließ:

> Gebt mir Leim nur: denn zum Leime
> Find ich selber mir schon Holz!
> Sinn in zwei unsinnge Reime
> Legen – ist kein kleiner Stolz!

Wieviel mehr gilt das von vier, acht oder sechzehn! Jawohl, er traf den Schüttelnagel auf den Kopf. Während die Leim/Reim-Anlieferung mehr oder weniger dem Zufall unterworfen ist und aus zweiter Hand bezogen werden kann, beginnt mit der sinnbestimmenden Holzdrechselei die eigentliche und eigene Knochenarbeit des Poeten. Wie präzis und pointiert selbst Schleifenreime sich mit Sinn beladen lassen, zeigt der Autor an den zwanzig *Kunsthistörchen*, die er einem Hamburger Schüttler gewidmet hat. Übrigens weist der Autor die zuweilen erhobene Forderung zurück, daß ein einmal gefundener und veröffentlichter Schüttelreim für alle nachfolgenden Schüttler tabu zu sein habe. Er gesteht mir leichten Herzens, er kenne nicht, wie es der Schüttelexperte *Manfred Hanke* („Die Schüttelreimer", Bericht über eine Reimschmiedezunft, DVA Stuttgart, 1968) vom Zunftgenossen verlangt, die gesamte Schüttelliteratur.

Möglich also, daß sich hier und da in diesem Band ein Reim findet, den vielleicht schon Meister Köhnke, Tom der Schüttelreimer oder Benno Papentrigk zum besten gegeben hatten. Wer daran Anstoß nehmen will, der mag es tun. Der Autor glaubt nicht, sich dafür entschuldigen zu müssen. Er bekennt, daß die Lektüre fremder Schüttelreime ihn allzumeist Überwindung kostet und daß er wirkliches Ergötzen (vom Freundeskreis abgesehen) nur bei seinem alten Griechischpauker fand: bei *Georg Müller-Giersleben*. Dieser Großmeister der Schüttelkunst, der sich schon dadurch von seinesgleichen unterschied, daß er die Schüttelschöpfungen unter seinem bürgerlichen Namen veröffentlichte, dafür aber seinen Beruf unter einem Pseudonym ausübte (die Pennäler nannten ihn „Plumpe"), hat in seinem Versband „Frisch geschüttelt!" (Stuttgart 1937) eine Fülle kostbarer Schütteltrouvaillen vorgelegt, darunter lange Balladen wie *Die Quarkdiebe* und *Der Schlemmer,* die meinem Autor wegen ihrer strotzenden Bildhaftigkeit und lautlichen Komik unverlierbar im Gedächtnis geblieben sind. „Plumpe" soll auch über tausend lateinische Schüttelreime – *versiculi quassisoni* – geschmiedet haben. Mein Autor läßt ihm bei dieser Gelegenheit (wenn auch leider postum) herzlich dafür danken, daß der Meister niemals, wenn der Adept auf der Schulbank saß und schüttelte, durch rücksichtslose Querfragen nach dem Pensum ihn aus dem Himmel seiner Wortträume riß.

Zum Schluß ein paar Sätze über das Verhältnis von Schüttelreim und Poesie. Hier liegt, von Anziehung und Abstoßung gekennzeichnet, in der Tat ein äußerst delikates „Verhältnis" vor. Einerseits hat es seine guten Gründe, daß der Reim – auch der einfache Reim – in der modernen Dichtung nicht mehr heimisch ist. Seit Rimbauds *Illuminations* und *Une saison en enfer* sind die Sonden, mit denen die Dichter die Wahrheitsfindung betreiben, so sensibel geworden, daß der Reim, seiner charmanten Grobschlächtigkeit und naiven Eitelkeit wegen, als Vehikel für die Vermittlung der poetischen Realität kaum noch in Frage kommt. Die Statik des Reims lenkt nur ab, ja sie verfälscht jenes Leuchtmosaik aus unzähligen widersprüchlichen Wahrheitspartikeln, das vom poetischen Bild, von den Assoziationen oder auch vom Schweigen zwischen den Zeilen zum Gedicht fokussiert wurde und das nur wahr ist, sofern es in Fluß bleibt und in Vibration. Allein aus solchem Fließen läßt sich, bruchstückweise und für Sekunden, das Verbindliche schöpfen.

Das vom Reim Gesagte gilt vom Schüttelreim in höherem Grade. Er ist, mißt man mit rigoroser kunsttheoretischer Elle, die absolute Äußerlichkeit, der gefallsüchtige Schnörkel, die unverbindliche Dekoration oder, schlicht gesagt, Kunstgewerbe. Keine noch so ausgebuffte Artistik kann ihn aus den Niederungen der Trivialpoesie herauskatapultieren.

Andererseits – das erweist sich dem unverstellten Blick auf Schritt und Tritt – kann man von der Kunst und der Poesie dasselbe behaupten, was der Evangelist vom Pneuma sagt: der Geist weht, wo er will. Poetischer Geist ist in den Graffiti auf bröckelnden Hauswänden ebenso zu finden wie im Zweizeiler an der Aborttür, im Schulheft wie im Versprecher eines Lehrers, ja sogar in der Anpöbelei, die der Betrunkene vom Stapel läßt. Warum sollte er dann nicht auch im Geschüttel zu Gast sein? In diesem Buch scheint mir das an zahlreichen Stellen der Fall, unzweifelhaft beim *Teufelsmoor* (S. 72), wo der Schüttelreim von solcher Diskretion ist, das man ihn kaum bemerkt. Da ist eben beides präsent: Kunst und Metier, Poesie und formale Potenz. Also kann Schütteln doch mehr sein als Glücksspiel und Cowboy-Kraftmeierei. Das im einzelnen festzustellen bei den vorliegenden 984 Schüttelverszeilen, mag aber dann Aufgabe des Lesers sein.

Inhaltsverzeichnis

Literarische Schattenreisen

Kulinarische Possenrisse

Kunsthistörchen

APHAIA VERLAG

Musik · Literatur · Bildende Kunst · Wissenschaft

In der Reihe
LYRIK, MUSIK und BILDENDE KUNST von ZEITGENOSSEN
ist erschienen:

Dieter Straub/
Wolfgang Steffen/Siegfried Kühl
GESCHRIEBENE HÄUSER
Gedichte, Komposition, Material-
montage und Radierung
Brosch. 92 S., DM 38,–
ISBN 3-926677-00-7
Vorzugsausgabe mit
Originalradierung DM 55,–
ISBN 3-926677-01-5 / vergriffen

Sonderdruck
„Bilder von Aigina", Dreiteiliger Zyklus
für Bariton und Klavier op. 69 aus
„Geschriebene Häuser"
anläßlich des Porträtkonzertes
von Wolfgang Steffen am 09.12.1988.
DM 15,– ISBN 3-926677-06-6

Achim Wannicke/
Gernot Reetz/Beate Nowak
LIEBESMÜH
Gedichte, Komposition,
Holzschnitte
Brosch. 104 S., DM 38,–
ISBN 3-926677-02-3
Vorzugsausgabe mit Orig.-
Grafik DM 55,–
ISBN 3-926677-03-1

Toncassette:
LIEBESMÜH / AMIDA
Live-Mitschnitt aus der Lesung
vom 19.06.1988
„Amida" Studioaufnahme
DM 19,– ISBN 3-926677-04-X